CÓMO RESTAURAR AL

HOMBRE CAÍDO

Un estudio detallado sobre la doctrina de la restauración espiritual.

ROLANDO PÉREZ SÁNCHEZ

DEDICATORIA

A mi hermano Michel, para que te sirva como herramienta en tu ministerio como Superintendente, y puedas instaurar un espíritu de restauración en tu red ministerial.

AGRADECIMIENTO

A mi maravilloso Padre Celestial, porque sin su amor y bondad jamás hubiera llegado a ser restaurado cuando me acerqué a él perdido. A mis dos princesas amadas, mi bella esposa y mi preciosa hija, pues ellas han sido pacientes conmigo, y me han compartido con otros por amor a Cristo.

CONTENIDO

INTRODUCCIÓN

Pablo dice a los creyentes de corinto: "*No os ha sobrevenido ninguna tentación que no sea humana; pero fiel es Dios, que no os dejará ser tentados más de lo que podéis resistir, sino que dará también juntamente con la tentación la salida, para que podáis soportar*" (1 Co. 10:13). Y así revela una maravillosa verdad, y es lo que a lo largo de la historia cristiana se ha hecho evidente, que todo creyente está propenso a resbalones y caídas todo el tiempo. No importa el rango eclesiástico o la madurez espiritual, es de humanos que seamos tentados, pero Dios es fiel para guardarnos sin caída. No obstante, un gran número de ministros que caen, y esto ha provocado el surgimiento de un problema serio, y es que el cae muchas veces no es restaurado. Y cuando digo que son restaurados, me refiero a que aunque salen del pecado, y algunos vuelven al ministerio, no son restaurados de los efectos de la caída, espiritualmente siguen dañados. Es imperante que los líderes se desarrollen en el ministerio de restauración y levantamiento del hombre caído, así después de haber muertos, al ser restaurados conseguiríamos ministros más útiles y sensibles.

Ahora bien, quiénes son aquellas personas que necesitan restauración. Por lo general pensamos que solo aquellas personas que caen en pecados sexuales son los que necesitan más ayuda, pero hay otro grupo, que son los pastores y líderes que, aunque quizás no hayan cometido ninguno de estos pecados sexuales o de otra índole, sí han sido víctimas de tenciones en el matrimonio, o de la depresión, por la cual lamentablemente, por la ausencia de restauración, han escogido quitarse la vida. Las estadísticas en los Estados Unidos han sido alarmantes, se estima que la depresión y el suicidio en pastores evangélicos han aumentaron casi un 30% en los últimos 18 años, y seguramente seguirá aumentando, según Wolfgang Streich.[1] El profesor de la Universidad Regent y pastor de la Iglesia de la Red, el Dr. Jayce O'Neal, dijo a CBN News lo siguiente:

> Los pastores son humanos y tienen problemas como todos los demás. Ellos luchan con inseguridades; ellos luchan con sus propios errores…Según los datos de los Centros de Control y Prevención de Enfermedades, la tasa de suicidio de Estados Unidos subió un 33% entre 1999 y 2017.[2]

---

[1] Wolfgang Streich. *El suicidio en pastores y líderes de iglesia.* 29/08/2018: https://www.evangelicodigital.com/actualidad/1944/el-suicidio-en-pastores-y-lideres-de-iglesia. (Consultado el 10 de diciembre del 2019)

[2] ENLABRECHA.MX. *Otro pastor se suicida; van al menos tres en 2019.* 29/01/19: http://www.enlabrecha.mx/otro-pastor-se-suicida-van-

Cuando los líderes no son buenos en el arte de restaurar, simplemente son ministerios con Poder pero sin herramientas necesarias para el ministerio. Una persona puede tener corona y no ser un buen monarca. De igual forma, un músico puede tener instrumento, saber algunos acordes y no tener oído musical. Por lo tanto, un líder sin la capacidad de restaurar al que ha caído, simplemente posee un ministerio con autoridad, pero sin madurez. El ministerio de la restauración es tan importante porque cuando un ministerio posee los Dones espirituales para resolver lo espiritual, pero la gente permanece sin ser sanada de la caída, ni libertada de la baja autoestima, el fin es sencillamente muerte prematura de la iglesia. Por lo tanto, si no te interesa el tema, simplemente no sigas leyendo, pero si no es el caso, entonces te aseguro que jamás te arrepentirás de haber elegido este libro.

---

al-menos-tres-en-2019.php. (Consultado el 19 de diciembre del 2019)

SISTEMA DISCIPLINARIO VIGENTE EN ALGUNAS DENOMINACIONES

Algunas denominaciones reconocidas a ámbito internacional han elaborado sus propios documentos normativos para regular y controlar la disciplina y ética de sus ministros. En el presente capítulo se hará una descripción de algunos de sus puntos esenciales de los documentos normativos más reconocidos, con el objetico de extraer las el método empleado para lograr levantar las rodillas endebles y sanar los corazones heridos.

Las Asambleas de Dios

El Comité Ejecutivo General y los Comités Ejecutivos de Distrito hacen uso de su función administrativa tomando medidas disciplinarias con cualquier miembro del Comité Ejecutivo General o en los casos que fuere necesario, a los ministros de su territorio que hubieren faltado a los principios bíblicos, la ética de la organización o resultare ineficiente en el cumplimiento de sus funciones. Para hacer cumplir sus preceptos y estatutos han elaborado su propia *Constitución de las Asambleas de Dios*. **En ella se podrá encontrar que cuando un ministro no cumple o pone en riesgo la ética de la Asambleas, es**

objeto de Democión del cargo, Suspensión del cargo, Degradación de categoría ministerial, Suspensión de credenciales o Expulsión de la Organización. Esto será en dependencia al tipo de violación.

Por otro lado, también está el Reglamento de las Asambleas de Dios, el cual se especialmente en las iglesias locales y sus miembros. Pero no se hace alguna referencia al trabajo con los ministros en caso de ser disciplinados. Así que los miembros eclesiales que incurran en violaciones de la Palabra de Dios, podrá venir bajo disciplina o sufrir la cancelación de su membresía. Generalmente esto se aplica por la no observancia de las enseñanzas Bíblicas, o por mala conducta no cristiana. Por último, está el **Código de Ética del Ministro de las Asambleas de Dios en Cuba[3]. Aunque es un** instrumento que lamentablemente muy pocos ministros poseen. En él se establece y norma la manera en que deben comportase los ministros cristianos. Sin embargo, en su composición tampoco se evidencia ningún procedimiento detallado para la restauración del ministro cuando es víctima del pecado.

---

[3] Sometido a aprobación en la LVIII Conferencia General Bienal, celebrada en la ciudad de Camagüey en el año 2001.

La Convención Bautista

En el caso de la convención bautista ocurre algo similar, ésta de igual modo posee sus propios reglamentos internos y códigos de ética del Ministerio y del miembro. Pero en estos tampoco, quizás de manera no intencional, se observa un tratamiento especial a los que han caído en pecado. Lo que la práctica demuestra es que en el caso de los ministros que caen en pecado de adulterio o fornicación, por lo general, ninguno de ellos vuelve al ministerio. El argumento usado es el pasaje que está en (Pr. 6:32-33) que dice: *"herida y vergüenza hallará, su afrenta no será borrada"*. ¿Ahora bien, estará ese texto fomentando la falta de perdón o la no restauración del que cayó? ¿No será que este pasaje está hablando de lo que pasará en el interior del comisor, que jamás se olvidará de su error, y que tendrá que afrontar las consecuencias a pesar de ser perdonado? Es lo que dijo pablo: *"...el que fornica, contra su propio cuerpo peca"* (1 Co. 6:18), refiriéndose a las consecuencias del pecado.

La Iglesia Metodista

Acepté al Señor en la Iglesia Metodista de Guantánamo en el año 1997 a la edad de doce años, en ella me afirmé y tuve mi encuentro con el Espíritu Santo, siendo bautizado por en el Espíritu y convirtiendo mi corazón al Señor. Fue allí donde comencé mi ministerio como misionero a los 14 años de edad y por unos años estuve involucrado con el liderazgo local hasta los 20 años. Debo aclarar que la Iglesia Metodista en Cuba, ha sido una de las denominaciones que ha impactado la nación cubana con su carisma y avivamiento desde hace unos años, y aunque ahora estoy ordenad en las Asambleas de Dios, no puedo negar que los recuerdos más hermosos de experiencias con el Espíritu Santo y de milagros los tuve allí. Más, a pesar del evidente mover del Espíritu de Dios, en la práctica vi, que cuando alguien caída en pecado, era disciplinado o expulsado de la iglesia en caso de reincidencia. Pero no recuerdo ver una atención especial para levantar a esa persona. Una vez que alguien caía era enviado al anonimato. Simplemente era como un leproso, que era apartado de la congregación hasta que se recuperara de su lepra, bueno, si es que se recuperaba, por la verdad es que muy pocos permanecieron, y el que permanecía, no volvía a ser el mismo, por lo menos allí.

Un panorama Global

He escogido estas tres denominaciones por ser en mi País las de mayor membrecía o prestigio eclesiástico. Hay otras denominaciones verdaderamente buenas y de buen testimonio como éstas, pero digamos que estas tres son una representación de las demás. Así que como se ha podido observar, en lo que se refiere a la restauración, por lo menos no existen instrumentos normativos que fomenten esa tarea. Quizás una de las razones de este problema, es que la mayoría de los ministros que hoy lideran a nivel nacional, han sido formados por una generación que no observaba muy de cerca la tarea de la restauración. Pues, desde hace tiempo, se miraban a los pastores o líderes como personas (1) Que no debían comer errores; (2) Que fueran gente perfecta e inmaculadas; (3) Que tuvieran una estabilidad familiar adecuada. Más la realidad nos ha dado un golpe bajo. Las mismas presiones del ministerio hacen que los líderes se enfoquen demasiado en su ministerio, que poco a poco vayan descuidando muchas áreas, entre ellas el área de la familia y la intimidad espiritual. Entonces, una vez que caen son menospreciados y puestos al olvido, muy rara vez vuelven a ser confiables dentro del club. Todo esto demuestra que el sistema de disciplina contemporáneo a modo global, se ha perfeccionado en garantizar el orden y la ética, pero motivando el dolor para callar voz del dolor. Analizamos el dolor, pero no la fuente del dolor.

No estoy insinuando que no se practique la restauración, lo que estoy diciendo es que por lo menos, a nivel institucional no está normado, se enseña muy poco y no se practica a menudo. En mi primer año de Maestría en Teología Práctica y Ministerial, por la Facultad de las Asambleas de Dios en América Latina fue cuando por primera vez escuché sobre la restauración. Así que solo el pequeño grupo de maestrantes allí fuimos concientizados al respecto, pero es evidente cómo la mayoría de las denominaciones se mueven de acuerdo a lo que por años se ha aplicado. Hace ya unos años ha resurgido un nuevo movimiento que defiende el asunto de la paternidad espiritual y da fuerza al mentoreo, pero como muchos de los que ahora son de esos grupos, una vez pertenecieron a las denominaciones antes mencionadas, muchos de ellos salieron heridos y no restaurados, por lo que aunque ahora conocen una gran verdad, todavía ellos mismos están enfermos, y el producto de tal enfermedad es rupturas de relaciones e inmadureces. Así lo denunció el Pastor Glenn en su muro de Facebook:

> Es lamentable ver amistades y relaciones de muchos años romperse porque no existe la madurez de ventilar las diferencias personales y aún doctrinales. Personas que en un tiempo caminaron y fueron edificados juntamente hoy son casi enemigos por los efectos de una "supuesta revelación" que pudo servir para crecer relacionalmente...[4]

---

[4] Glenn Wilson. *Supuesta Revelación* 12/12/2019: https://www.facebook.com/pastorglennwilson/posts/10156582666656875?comment_id=10156584297196875¬if_id=1576206857623640¬if_t=feedback_reaction_generic. (Consultado el 18 de diciembre del 2019)

Como líderes debemos comprender que no siempre estaremos en el púlpito. Recordemos que no estamos exentos a algún tropiezo o caída. Así que aquello que hacemos hoy con los que han caído, mañana es muy probable que lo hagan con nosotros. Y cuando eso suceda, entenderemos cuánto se sufre estando en el suelo. Por lo tanto, empleemos nuestros años de ministerio en invertir en amigos, que nos amen no por nuestro cargo o ministerio, sino por quienes somos, amigos, hermanos. Debemos ser Luz para alumbrar al que está en oscuridad, pero también aceite para sanar la herida. Una vez que logremos restaurar a alguien, esa persona permanecerá y caminará con nosotros más allá del pulpito, porque a quien mucho se le perdona mucho ama y una persona restaurada siempre es agradecida (Lc. 7:47). Más cuando al árbol caído se le hace leña, solo servirá para fuego. Si seguimos con el modelo viejo, que agudiza el dolor de la caída, pero no sana las heridas causadas, entonces seguiremos siendo espectadores de cómo a través de diferentes cosas, los caídos recurrirán al consuelo por vías equivocadas:

a. Encerrándose en un mundo de soledad (Pereza)

b. Incurriendo a los vicios.

c. Aumentando el sentimiento de menosprecio o no aceptación.

d. Dándole libertad a la prostitución del carácter.

Cómo Restaurar al hombre caído

d. Dándole libertad a la prostitución del carácter.

LOS SISTEMAS VIGENTES NO HAN DADO RESULTADO

El *Diccionario de Teología* ofrece la siguiente definición del término Restauración: *"El hebreo* שלם *(šāllam) se refiere igualmente a la vivificación y recuperación de quienes necesitan consuelo (Is. 57:18)"* [5] Es importante agregar que el vocablo hebreo *"Sallam"* también significa *"Reconciliarse, estar en paz con…, devolver algo…"*[6] Pero si recurrimos a la fuente griega de la palabra en análisis encontranos el vocablo **καταρτίζω** *(katartizo)*. Según Tuggy esta palabra significa: *"Arreglar, remendar, restaurar, completar o perfeccionar"*[7]. Fue usada por Pablo en (Gál. 6:1) y al mirar el contexto en el que la usó, se infiere que sea alguna falta del tipo sexual, por lo que su uso de este término básicamente implicaba lograr regresar a tal persona a la integridad y grandeza original. A su vez Kittel y otros autores observa el término griego **Παλιγγενεσία** *(paliggenesía)*, usado por Pablo en (Tito 3:5), traducida en la Reina Valera de 1960 como regeneración, pero su

---

[5] Edman, V. *Diccionario de Teología* (Grand Rapids, MI: Libros Desafío, 2006), 528

[6] Moisés Chávez, *Diccionario De Hebreo Bíblico*, 1. ed. (El Paso, Tx.: Editorial Mundo Hispano, 1992), 718.

[7] Alfred E. Tuggy, *Lexico Griego-Español Del Nuevo Testamento* (El Paso, TX: Editorial Mundo Hispano, 2003), 512.

significado es: *"renovación moral o nueva vida"*.[8] Shaw observa que: *"... restaurar significa devolverle a algo su estado original, su funcionalidad, repararlo. No ignoramos que muchas veces la llamada «restauración» de una persona en la iglesia ha sido exactamente lo opuesto de esto..."* [9] Por lo tanto, cuando hacemos referencia a la Restauración en este libro, no se trata precisamente de ser establecidos nuevamente en el ministerio, ni devolverle todos los cargos y responsabilidades que tenía anteriormente inmediatamente. Más bien se trata de: (a) Levantar las rodillas paralizadas; (b) Librarle de sentimientos de culpas; (c) Darle la mano en consideración y respeto; (d) Darle oportunidad de volver a comenzar, aunque esto incluya la restitución del cargo o ministerio. Lo que se esperaba cuando una persona era restaurada es que recuperara su gozo (Sal. 51:12; Mi. 7:9). ¿Entonces por qué que gente son verdaderamente restauradas?

Porque lejos de perdón reciben castigo

A causa de la ausencia de hombres y mujeres capacitados para restaurar a otros, algunos de los ministros que caen perdonados,

---

[8] Gerhard Kittel, Gerhard Friedrich and Geoffrey W. Bromiley, *Compendio Del Diccionario Teológico Del Nuevo Testamento* (Grand Rapids, MI: Libros Desafío, 2002), 122.

[9] Christopher Shaw, *Alza Tus Ojos* (San José, Costa Rica, Centroamérica: Desarrollo Cristiano Internacional, 2005), Mayo 9.

otros quizás vuelvan al ministerio, pero jamás llegan ser como eran antes de la caída. Por eso hemos terminado perdiendo valiosos ministros, gente que verdaderamente poseían dones y ministerios de gran edificación para el Cuerpo de Cristo. Aunque algunos lectores no estarán de acuerdo conmigo, lo cierto es que el ser humano tiene la tendencia de ignorar su vulnerabilidad, creyendo que nunca eso le sucederá, por eso, el primer instinto es el de culpar y el segundo, hacer pagar. Por eso dije anteriormente que cuando un hermano o una hermana caen, para la mayoría de la congregación se convierte en una especie de leproso. Son vistos como los más pecadores, los más sucios, lo que ellos hicieron es lo más imperdonable y horrible. Por generaciones enteras se ha creído y enseñado que el cristiano verdadero no peca, sino que es perfecto. El conocido teólogo Charles Caldwell Ryrie desmiente dicha declaración cuando expone que ningún creyente puede experimentar esta clase de perfección sin pecado hasta la resurrección, cuando será libre del principio de pecado que lleva dentro.[10]

---

[10] Charles Caldwell Ryrie, *Teología Básica* (Miami: Editorial Unilit, 2003), 262.

Porque lejos de sanidad, reciben más heridas.

Es necesario que las iglesias comprendan que en toda la Biblia se evidencia, que a pesar de que Adán, Enoc, Abraham, Isaaac, Jacob, Samuel, Daivid y demás santos del *Antiguo Testamento* fueron agradables a Dios, ninguno de ellos llegó a ser perfectos. Ellos amaron y sirvieron a Dios, pero igualmente cayeron y necesitaron ser restaurados. Sin embargo podemos notar cómo Dios trató cada caso en particular. Jamás fue liviano con el pecado, pero tampoco tuvo el látigo en sus manos para lacerar las espaldas del desobediente, sino que mostró misericordia, perdón y otorgó nuevas oportunidades. No cabe duda que todo pecado tiene sus consecuencias (Ro. 6:23; Heb. 2:2), pero ningún pecado invalida o afecta el amor y la misericordia de Dios. Una persona que no logra palpar el dulce amor de Dios, jamás podrá reconocerlo. El amor de Dios solo se puede visualizar mediante el perdón y la restauración (Lc. 7:47) ¿Qué tan grande puede ser un pecado para que Dios no lo perdone? ¿Si Dios, que es verdaderamente Santo perdona al pecador, por qué a los creyentes les cuesta tanto trabajo hacerlo? No se trata de fomentar el desorden y el libertinaje, todo lo contrario, el pecado debe ser juzgado, pero la persona debe ser perdonada y restaurada, para que no sea consumida de demasiada tristeza (2 Co. 2:7-8).

¿CUÁL FUE EL MODELO DE RESTAURACIÓN EN LOS TIEMPOS BÍBLICOS?

Toda la Biblia está llena de información precisa y completa acerca de los patriarcas, profetas, monarcas. Desde el Génesis comenzamos a ver tropiezos y más tropiezos. A veces por cosas tan insignificantes como la de Eva, que porque simplemente la fruta era codiciable, prefirió desobedecer a Dios antes que aguantar la tentación. O como el caso de Abraham, que por miedo prefirió mentir acerca de Sara su esposa. En la Biblia no solo vemos éxitos, sino fracasos, que nos ilustran acera de nuestra humanidad y debilidad. Como dijo el Salmista: *"El hombre, como la hierba son sus días; Florece como la flor del campo"* (Sal. 103:15). En esta sección percibiremos el modelo de restauración usado por Dios con los héroes de la fe.

Modelo de Restauración en el Antiguo Testamento

Adán recibió otra oportunidad (Gn. 3:6-11)
Fue el primer ser humano creado y contaba con toda la aprobación divina para sus labores. Era la misma imagen de Dios en la tierra y su influencia era tanta que no existía una sola criatura creada que no le temiera y respetara. Sin

embargo, aun así cayó, debido a un pequeño descuido. Sproul refiriéndose a la caída del primer ser creado comenta que tal caída: *"...fue grande y tuvo repercusiones radicales para toda la raza humana. Ha habido muchos intentos para explicar la relación de la caída de Adán con el resto de la humanidad"*.[11] La seriedad de la caída de Adán se evidencia en (Gn. 3:10), donde leemos que a causa de su pecado, Adán: (1) Tuvo miedo de Dios; (2) Se escondió de Dios. Por primera vez Adán se veía desnudo delante de Dios. Pero a pesar de su gran falta, vemos el trato de Dios con él y su esposa. En el relato de Génesis vemos la restauración de Dios pero también los efectos que produjo. Dios no los rechazó ni los dejó como estaban, sino que los vistió, con un vestido especial para él y su esposa (Gn. 3:21). Esto significa: *"Cubrir la falta con amor"*. Y por consiguiente, en vez de maltratar a Eva, o desecharla, más bien le dio un nombre (Gn. 3:20), lo cual pudiera interpretarse como aceptación. Si bien es cierto que el pecado fue juzgado, también es notorio que ambos recibieron amor, y ese amor produjo más amor.

Moisés recibió una nueva identidad (Nm. 12:3)

Moisés había asesinado a un hombre, lo cual indica que era una persona que se enojaba fácilmente. Aunque su delito aparente fue por

---

[11] Sproul, R. *Escogidos por Dios*. (Graham, NC: Publicaciones Faro de Gracia, 2002), 55.

causa justa, hay que tener presentes que el asesinato era algo abominable a los ojos de Dios. Como no hubo quien supiera restaurarlo, todo lo contrario, solo había quienes le menospreciaron, le recordaron su pecado (Ex. 2:14). Así que como era evidente, se llenó de miedo y huyó de Egipto. Pasaron cuarenta años hasta que se vuelve a saber de él. Nótese cómo la falta de restauración en Moisés lo llegó a fomentar un sentimiento de inservibilidad y baja autoestima. Ël le dijo a Dios:

1. ¿Quién soy yo para que vaya a Faraón, y saque de Egipto a los hijos de Israel? (Ex. 3:11)

2. He aquí que ellos no me creerán, ni oirán mi voz; porque dirán (Ex. 4:1)

Aquí vemos que muchas veces no basta con tener un llamado de Dios, ni incuso haber experimentado un encuentro con Dios. Si nuestros corazones no son sanados, emprenderemos el ministerio enfermos y llenos de temor. Ante tal situación Dios tiene que emplear un método de restauración con él. Así que: (a) Comenzó garantizándole compañía (Ex. 3:12); (b) Luego le otorgó respaldo (Ex. 3:14), porque credencial no es el título profesional adquirido, sino el respaldo de Dios; (c) Le proporcionó las herramientas necesarias (Ex. 4:2), no palabras sino Poder. Es como si le dijera que los Egipcios y los Judíos no le creerían sus lindas palabras, sino por sus hechos. Después que

Moisés salió del Monte era otra persona, de ese hombre iracundo y violento Dios sacó un hombre muy manso, más que todos los hombres que había sobre la tierra (Nm. 12:3). El vocablo hebreo con que se describe a Moisés es עָנָו *(anaw)*, que significa: *"humilde, modesto, domado"*[12]

David cayó muchas veces, y de la misma forma fue levantado por Dios (2 Sam 12:13-15):

De todos los personajes de la Biblia éste es el más estudiado. Dios le había escogido porque tenía un corazón virtuoso, pero su debilidad por el amor de las mujeres le llevó a manchar la imagen de su reino y a la destrucción de su familia. No obstante, a pesar de sus no pocas caídas el monarca logró sobrevivir. David aprendió que más importante era levantarse que quedarse llorando en el pasado. Leemos en el *Comentario Bíblico de Mundo Hispano 1 Samuel, 2 Samuel, Y 1 Crónicas* que: *"David sobrevivió y venció esos obstáculos que resultaron de su propia caída"*.[13] Su pecado fue horrendo, había tomado la mujer de uno de sus soldados (2 S.11:3-4), y como si fuera poco ordenó la muerte de Urías heteo (2 S.11:15). Una vez más vemos que aunque Dios no

---

[12]https://www.sefaria.org/Klein_Dictionary%2C%D7%A2%D6%B8%D7%A0%D6%B8%D7%95?lang=bi

[13] Daniel Carro, José Tomás Poe, Rubén O. Zorzoli and Tex. *Comentario Bíblico Mundo Hispano 1 Samuel, 2 Samuel, Y 1 Crónicas*, 1. ed. (El Paso, TX: Editorial Mundo Hispano, 1993), 192.

lo pasó por alto su maldad y le juzgó, también le rehabilitó. David describe a Dios después de su restauración como: (a) Un Buen Pastor (Salmos 23:1-10); (b) Un Dios misericordioso (Sal. 103:8-10). Y a manera en que David representó la restauración de Dios fue como la a lluvia sobre la hierba cortada y como el rocío que destila sobre la tierra (Sal. 72:6).

Manasés, Rey de Judá (2 R. 21: 1-17)

Este otro es un gran ejemplo de la misericordia y el perdón de Dios. Algunos estudios creen que reinó aproximadamente desde el 697 a. C.-642 a. C. Era de doce años cuando comenzó a reinar (2 Cr. 33:1) y era el hijo sucesor de Ezequías (2 R. 21: 3). Pero desgraciadamente decidió abrazar una política opuesta a la de su padre, tolerando los cultos asirios, incluso en el mismo templo (2 R. 21: 7). Observaba los tiempos, miraba en agüeros, era dado a adivinaciones, consultaba a adivinos y encantadores (2 Cr. 33:6). Como si fuera poco aprobó el culto a los muertos y los sacrificios de infantes. Aún más no dudó en derramar sangre inocente en gran manera, hasta llenar a Jerusalén de extremo a extremo (2 R. 21: 16). A causa de su corrupción vino del cielo juicio sobre él, fue hecho cautivo por los asirios (2 Cr 33:11). Según el relato bíblico del segundo libro de las Crónicas de los reyes, este malvado monarca sufrió torturas y fue tanta su angustia que decidió recurrir al Dios de sus Padres (2 Cr 33: 13). Es ahí donde todo concepto religioso y legalista es destruido. Manasés siempre había sido malvado, pero habiendo orado llegó a ser protagonista de algo impresionante: (1) Fue atendido; (2) Dios oyó su oración; (3) Restauró a Jerusalén y a su reino.

Como hemos visto en cada ejemplo presentado, los grandes hombres de Dios en algún momento de sus vidas resbalarán o caerán, pero desdichadamente no siempre serán restaurados.

Modelo de Restauración en el Nuevo Testamento

Al leer los evangelios notamos que la tendencia de los fariseos era la de apedrear al que pecaba, pero Jesús mostró un camino nuevo y diferente. Ofreció la vía del amor y la misericordia. El modelo dejado por Cristo y sus apóstoles es evidente en todo el *Nuevo Testamento*, por lo que en esta sección analizaremos algunos ejemplos impactantes:

María Magdalena fue perdonada antes que condenada.

Con la declaración de Cristo el día en que esta pobre mujer estaba siendo ajusticiada se rompió toda tradición farisaica. El declaró firmemente a la mujer: *"ni yo te condeno"* (Jn. 8:11). Y de ahí se puede extraer la siguiente enseñanza:

(1) Los que se dedican a acusar a otros también son capaces de acusar a Dios; (2) Dios no condena lo que los hombres condenan; (3) Jesús perdona a esas personas que los hombres no son capaces de perdonar. Nótese que el Maestro no le quitó importancia al pecado de la mujer, tampoco negó lo prescripto en la ley, pero su decisión fue perdonar antes que juzgar. Cristo jamás ofrece juicio, sino restauración y perdón (Mt. 9:2; Lc. 5:20; 7:48). Porque según (Jn. 3:16-17) Jesús vino al mundo para:

    a. Perdonar los pecados no perdonados.
    b. Devolverle a la humanidad la Vida que por el pecado le fue quitada
    c. Salvar no a condenar.

El Hijo Pródigo recibió restitución antes que sustitución

En el Evangelio de Lucas se nos narra la parábola del Hijo Pródigo (15:11-32). Es interesante cómo por lo general toda nuestra atención siempre se enfoca en el hijo que se marcha, pero Cristo con esta parábola estaba mostrando la condición de ambos hijos.

    a. Ambos recibieron los bienes de su padre como herencia: La palabra griega usada para "bienes" es ἀγαθός[14]

---

[14] *Agasós:* Se aplica a lo bueno o los bienes materiales o espirituales.

(*agasós*), se aplica para referirse a toda la vida del padre, sus ahorros, sus esfuerzos. Por lo tanto pudiera interpretarse la acción del padre como que: (1) Dividió su vida entre sus hijos; (2) Partió su Vida en dos partes.

b. Aceptó al hijo perdido con compasión: Los padres de familia en Israel, nunca corrían hacía los hijos rebeldes, eso sería mostrarles debilidad, sin embargo este padre si lo hizo. Lo lavó, lo vistió y le puso un anillo.

c. Los involucró a ambos: Los dos necesitaban restauración. El menor, por el pecado cometido, el mayor, por su corazón dañado. El Hijo pródigo por estar lejos del Padre lo perdió todo, pero el hijo que se quedó, aun estando cerca del Padre, no tenía nada, porque en su condición enferma, estaba lejos del padre y su herencia. A ambos buscó para entrarlos la fiesta.

El Buen Samaritano recibió antes que crítica

Otro ejemplo sorprendente es la parábola del Buen Samaritano (Lc. 10:30-35). En ella vemos un suceso muy triste, que se trata de la reacción de los líderes, pero a la vez una tremenda enseñanza en la actitud del Buen Samaritano. En ocasiones quienes más pueden o los más indicados son los que menos hacen. En cuanto al

Samaritano leemos que al ver al caído hizo cuatro cosas imprescindibles para efectuar una restauración eficiente:

a. Se acercó al herido: A pesar de las diferencias y echando a un lado el regionalismo, pues recuerde que judíos y samaritanos no se trataban (Jn. 4:9), este buen hombre se acercó al herido. Pues es imposible restaurar a la distancia. Para que una restauración sea efectiva el caído debe sentirse acompañado, no excluido ni apartado.

b. Echó en las heridas aceite y vino para evitar la infección: Debe notarse como el buen samaritano primero echa vino para desinfectar la herida y aceite para curar. No habrá una restauración efectiva si no se desinfecta el daño con el Vino de Dios, la ministración, y una vez desinfectado, la sanidad es por medio de la Palabra, en enseñanza y mentoreo.

c. Vendó sus heridas: Si a la herida solo se le aplica el medicamento y no se le venda, se corre el riesgo de que se infecte. Vendar significa proteger de los gérmenes o aislar de las contaminaciones.

d. Cuidó de él: Esto significa mantenerse cerca del herido, no perderlo de vista, no dejarlo a otros, sino uno mismo cuidarlo hasta que ya pueda ser encaminado con otros expertos.

Los apóstoles recibieron ayuda antes que menosprecio

Cuán triste es el caso de los discípulos, todos habían abandonado a su maestro y Pedro en especial, había negado tres veces a Jesús. De los demás se podía aceptar, pero de Pedro, un hombre que había caminado durante más de tres años con Jesús, era uno de los tres del círculo más íntimos del Maestro, había visto lo que otros no, sin embargo hizo algo imperdonable (Jn. 13:38). Esto nos indica que la caída no es solamente pecado sexual, la negación, la depresión, la frustración y la incredulidad también entran en la grande lista de cosas por las cuales puede caer un creyente. Tanto los discípulos como Pedro sabían que no habían hecho bien, así que se aislaron como era de esperar (Jn. 21: 1-14). Estaban enojados consigo mismos, quién sabe si hasta alguno de ellos consideró quitarse la vida. Estaban Simón Pedro, Tomás (al que apodaban el Gemelo), Natanael, el de Caná de Galilea, los hijos de Zebedeo, y otros dos discípulos. Todos estaban desahuciados, considerando abandonar el apostolado y volver a las redes (vers. 3). Sin embargo vemos a Cristo acercándose a ellos en la Playa, otra vez vemos el principio de acercarse al caído, y estando con ellos en la Playa hizo tres cosas dignas de imitar en un proceso de restauración:

1. Cristo les ofreció una nueva visión *"Lanzad las redes al otro lado"* (Vers. 6)
2. Se les presentó como alguien que está para servir y no para juzgar (Vers. 9)
3. Se sentó con ellos a compartir como un amigo (ver. 12)

Pedro se vistió porque había experimentado la santidad y la esencia de Jesús. Luego vemos a Cristo tratando personalmente con cada cual y comenzó con Pedro (Jn. 21:15-17): *"Pedro, ¿Me amas más que estos?"*. Todo parece indicar que Pedro se había olvidado de su negación, total, si todos los que estaban ahí corrieron ante el peligro y dejaron solo a Cristo, a no ser Juan que volvió luego. El Pastor Jay observa en cuanto a la actitud de Pedro que:

> …se jacta de amar de amar más que a los demás. Mostrando su instinto de autopromoción y jactancia. Cristo le hizo tres preguntas acorde a las tres negaciones que había hecho Pedro con anterioridad. Pedro sin darse cuenta estaba siendo restaurado para servir a las ovejas u corderos de su Maestro. [15]

---

[15] Javier Emilio Velez. *Creando una consciencia para la restauración*: (Orlando. Fl: EEUU: Ministerio CIMAS. Septiembre 2019), 5

No hubo entre los fariseos uno más obstinado y exigente que Saulo. Era un hombre de convicciones profundas acerca de lo que había creído y aprendido. Pero en Pablo vemos que muchas veces el hombre cree o aprende de manera equivocada, y no siempre lo que una persona cree es correcto, como tampoco no todas aquellas cosas que de generaciones se ha transmitido a los creyentes, es la mejor: (1) Pablo tuvo que aprender por medio de dolor el secreto de la restauración. Por lo tanto, es una responsabilidad y a la vez un privilegio la de los hijos de Dios el poder restaurar (Gá. 6:1); (2) En la Epístola a los Hebreos encontraremos uno de los pasajes (He. 12:12), donde su autor demuestra que conocía bien los efectos que producía una caída. Todo el que cae afronta algún tipo de sufrimiento, por eso es que se requiere la restauración de esa persona.

Santiago, movido por el ejemplo que dio su hermano mayor más tarde escribió a los judíos sobre la importancia de salvar al que se ha extraviado (Stg 5:19-20). Es cierto que aunque el pasaje se refiere al desvío de la doctrina, pudiera usarse también para la restauración. Es notorio que cualquier líder o ministro que cae, ya sea por causa de adulterio, fornicación, robo u otro pecado que requiera su culminación en el ministerio, ya se ha apostatado y se ha desviado de la doctrina. Sin embargo lo importante es poder lograr rescatarle, y qué mejor forma que rescatarlo por medio de la restauración espiritual. Para Walvoord y Zuck *"Los que se han descarriado necesitan ser traídos de regreso al redil. Santiago se refirió aquí no al evangelismo, sino a la restauración... Ese hermano puede avanzar nuevamente por el camino que lleva hacia la madurez espiritual.*[16]

El Apóstol Juan en su primera carta también enseña la necesidad de la restauración al hombre caído: Según Juan, un restaurador es alguien que ama, y por cuanto está lleno de amor, la luz desborda en su interior (1 Jn. 2:10-11). Un creyente que al ver a un hermano caído no le restaura con misericordia y amor, está envuelto en tinieblas. La responsabilidad de todo cristiano es recuperar lo que se ha perdido, levantar al que se ha caído, sanar al que se ha enfermado. Es menester entender que aquella persona que aspire a un elogio del Señor, deberá hacer uso de la restauración de aquellos

---

[16] John F. Walvoord and Roy B. Zuck, *El Conocimiento Bíblico, Nuevo Testamento, Tomo 4: Hebreos-Apocalipsis* (Puebla, México: Ediciones Las Américas, A.C., 1996), 84.

SISTEMA DE RESTAURACIÓN PARA LEVANTAR AL QUE HA CAÍDO

La Obra de Dios es sagrada, así que cuando el que está dedicado al ministerio del Evangelio desafía de manera repetida las altas y santas normas de Dios, es preciso tomar las medidas pertinentes. El juicio y orden del apóstol Pablo son incuestionables, él sabía que la obra de Dios debe mantenerse santa porque Dios es Santo. Los que ministran no están exentos de tropezar, pues nadie es santo como Dios lo es. Pero su Gracia es suficiente para perdonar esas fragilidades. La consecuencia de violar la obra sagrada de Dios debe ser severa, pero a la vez misericordiosa, recta, pero a la vez considerada. En este último apartado no se hará mucho énfasis en interpretaciones y comentarios de pasajes de la Biblia, solo se presentará un modelo o procedimiento, útil para el trabajo correcto de restauración de ministros y líderes, que por alguna razón hayan sido sancionados y desvinculados del ministerio. Es evidente la triste realidad que perdura en la Iglesia cristiana en Cuba. Debido a las presiones que afrontan los ministros cubanos, sus necesidades económicas, problemas sociales y legales a las que están continuamente expuestos, lo cierto es que: (a) No pocos ministros siguen cayendo; (b) Otros seguirán cayendo; (c) Solo la minoría logran levantarse nuevamente; (d) La costumbre ha logrado más que el amor y la compasión. Por lo tanto es imperante cambiar los viejos métodos por otros más efectivos. En este último capítulo les presentaré un programa de restauración que será muy eficiente y de gran ayuda en su ministerio.

Organizar el Proceso de Restauración que aplicarás

En algunos lugares si alguno cae en pecado es inhabilitado para ejercer su ministerio por pecador. Por lo menos ese es el concepto de un alto por ciento de cristianos. Sin embargo, lo cierto es que no existe pecado tan grande que Dios no se pueda perdonar, ni que impida que el comisor sea restaurado y levantado. Por lo tanto, si se logra acatar una conciencia restauradora, entonces los éxitos serán rotundos. Pero la restauración es un proceso, y por lo tanto debe organizarse. Para ello hay que Crear un Comité Restaurador.

Toda persona que ha sido parte de una iglesia que ha tenido que aplicar disciplina a un líder descarriado, conoce de la tristeza y dolor que acompaña a esto de "reprender" y "disciplinar" a un amado siervo de Dios. Pero cuando se aprende a restaurar, quien es restaurado se convierte en alguien más sensible. Si no fuera tan importante este aspecto la Biblia no hablara tanto de ello (Job 22:23; Jer. 3:12). De ahí que la restauración se convierte en una herramienta útil para que cada persona mire su propia condición. Pero se requiere de un buen Comité Restaurador, conformado por personas capaces, en todas sus facultades mentales, con buena preparación académica y espiritual (1 Ti. 3:6), en cuanto a moral, intachables (1 Ti. 3:2; Tit. 1:6), y dispuestos a mantenerse en silencio cuando así lo requiera una situación dada (1 Ti. 3:3). Rafael Porter enseña que:

> Quienes participan en la corrección del caído deben ser hermanos reconocidos por su madurez espiritual...Si los que tratan de ayudar al hermano son verdaderamente maduros espiritualmente, en lugar de señalarlo como persona inferior, estarán

conscientes de su propia debilidad".[17]

Así que fuera muy útil buscar hermanos Especialistas certificados y Avalados en las áreas de Psicología y Psiquiatría, para que integren el comité restaurador local. Estas personas deben ser capacitadas en el área de Consejería Bíblica, eso teniendo en cuenta que su función no será de psicólogos, sino de consejeros bíblicos. Es necesario recalcar que para esta labor no se necesitan consultores, ni terapéuticos, sino restauradores, por tal razón estos especialistas deben poseer: (a) Cualidades de verdaderos cristianos: Buen testimonio, llenos del Espíritu Santo, humildes; (b) Aptitud para enseñar: En ocasiones los ministros que caen son personas muy preparadas, por ello los especialistas deben hablar con suficiente base bíblica; (c) Amor por su trabajo en Cristo.

El restaurador debe estar comprometido a mantener la integridad del ministerio de Dios, estar dispuestos a enfrentarse a situaciones difíciles. Por ende, sus funciones

---

[17] Rafael Porter, *Estudios Bíblicos ELA: ¡Verdaderamente Libre! (Gálatas)* (Puebla, Pue., México: Ediciones Las Américas, A. C., 1992), 108-09.

principales se delimitarán a:

a. Restaurar al transgresor (Gál. 6:1; Mt. 6:14,15).

b. Sanar el corazón dañado por el pecado (2 Co. 7:9-10).

c. Eliminar la raíz, por la cual la persona cayó: Es evidente que todo el que tropieza es porque que un objeto que no debía estar donde estaba, impidió un desplazamiento y seguro de esa persona. Así también todo el que cae en pecado se debió a pequeños detalles que poco a poco propiciaron esa caída. El Restaurador deberá discernir esas pequeñas cosas y trabajar en base a eliminarlas (1 Co. 5:6,7).

Definir claramente los pasos a seguir para la Restauración

La restauración es posible, pero para que suceda debe funcionar correctamente todo el engranaje. Muchas veces fracasamos en un proceso de restauración simplemente porque no se emplean los pasos adecuados. Así como un niño no puede correr desde que nace, sino que debe esperar el tiempo indicado, que sus huesos se fortalezcan y que poco a poco vaya adquiriendo confianza, así también la restauración ocurrirá progresivamente. Algunas veces la persona a restaurar no desea ser restaurada porque siente que usted es una amenaza o porque estás tratando de invadir su privacidad. En este caso, es probable que recibas desprecio, y eso hará que te sientas frustrado. Por eso debes saber cómo crear un ambiente en el que la persona se sienta segura para asimilar la restauración como una bendición y no como una amenaza. Para eso analicemos nuevamente los casos antes mencionados, y veamos qué método usó Dios para acercarse a esas personas:

1. Adán: Este es el tipo de persona que cuando hace algo que sabe que no es correcto se esconde. Literalmente no quiere ser confrontado, no desea que le recuerden nuevamente que hizo mal, por eso esquiva todo roce con el líder. Sin embargo, note que Dios no lo reprende por lo que hizo, es decir, no le dijo a primera instancia: ¿Qué hiciste? ¿Por qué lo hiciste? ¿Por qué fuiste tan desobediente? Todo lo contrario, Dios primeramente le

hace entender el terreo donde se metió Adán, le dijo:

a. ¿Dónde estás tú? (Gn:9): Esto pudiera interpretarse como ¿Qué valoración tienes tu del lugar donde estás? ¿En ese lugar donde te metiste te da seguridad? ¿Conoces bien el lugar donde estás? Es interesando cómo Adán responde diferente a la pregunta hecha, o sea, Dios le pregunta dónde y él le responde *"porque"*. Quizás si Dios hubiera cambiado su pregunta ¿Por qué te escondiste? La respuesta sería "Porque tuve miedo de ti", pero al preguntarle con ¿Dónde? Dios recibe una respuesta completa: *"Oí tu voz en el huerto, y tuve miedo, porque estaba desnudo; y me escondí"* (Gn. 3:10), respuesta que da paso a la otra pregunta aún más ilustrativa:

b. ¿Quién te enseñó que estabas desnudo? ¿Has comido del

árbol de que yo te mandé no comieses? (Gn. 3:11): Nóteles cómo Dios pregunta incluyendo a alguien más *¿Quién te enseñó?¸* Muchas veces hay que hacer entender aunque toda caída es responsabilidad de uno mismo, también es imperante definir la causa de la caída, ya sea alguien o algo. Pues así se puede eliminar primeramente la raíz del caos y luego proceder a tratar con la persona. En este caso la raíz fue Eva, quien lo indujo a desobedecer, pero la raíz de la caída de Eva no fue Adán, sino la serpiente. Esto demuestra que cada persona es independiente a las demás y que cada una debe ser tratada conforme a su daño. Dios trató con Adán con relación a su esposa, para que no la despreciara, sino que la amara y la apoyara, pero con Eva Dios trató marcando enemistad entre ella y la raíz de su daño.

2. Moisés: Este es la típica persona que no sabe que está dañada, o sea, siente que no necesita ser restaurada en alguna área de su vida, ya sea un trauma de la niñez o una herida emocional. Hasta que no es confrontada con un reto que va más allá de su capacidad, la persona no reconocerá que está enferma. ¿Qué fue lo que dañó a Moisés? Problemas no resueltos en el momento que se dio: (1) Él había huido de Egipto, quizás si se hubiera enfrentado al faraón con un poco de astucia: *"Lo maté porque al golpear al hebreo estaba atrasando la producción de Egipto"*, todo se resolvería; (2) No confrontó al hebreo que lo acusó, una respuesta bien directa tuviera un buen efecto: *"lo maté porque si no la próxima víctima serías tu"*. Ahora la misión que Dios tenía para Moisés requería de completa sanidad y

restauración, pero para lograr tal restauración había que resolver esos problemas no resueltos: Vuelve a Egipto, Enfréntate al faraón y luego habla a los hebreos de mi parte. Fue entonces, cuando Moisés comienza a revezar sus heridas por medio de justificaciones: (a) ¿Quién soy yo para que vaya al faraón y saque al pueblo de Egipto? (Ex. 3:11); (b) He aquí que ellos no me creerán, ni oirán mi voz; porque dirán: No te ha aparecido Jehová (Ex. 4:1). Entonces acá el trato de Dios con Moisés fue en correspondencia a sus dudas. Así que cada palabra de restauración estaba vinculada a la palabra de caída.

3. David: Este es el tipo de caído que está consciente de lo que hizo, pero se comporta como que no ha hecho nada. Es muy usual también viéndolo comportarse como una persona recta ante el pecado de los demás, o sea, es severo al juzgar a los demás (2

Sam. 12:5-6), pero cuando se trata de sí mismo, considera que debe ser perdonado, pues bastante ha servido al Señor. Él le dio la respuesta correcta al profeta Natán, pero sin considerar que se trataba de sí mismo. En cambio vemos una manera elegante del profeta Natán él, por medio de la confrontación (2 Sam. 12:7-14). David si necesitaba que le dijeran cuán culpable era delante de Dios. David no requería de palabras de condenación, pero sí debía saber cuán abominable era lo que había hecho. Con David si se puede recurrir a la confrontación directa, pues él es lo suficientemente maduro para reconocer su error. Si Dios hubiera recurrido a este método con Adán, lo más probable era que éste se justificara y le echara la culpa a Dios, pero David es diferente.

4. El Hombre herido: Se nos cuenta en (Lc. 10:30-37) que un hombre salía de Jerusalén hacia Jericó. Es

muy probable que se trate de un mercader que salía de Jerusalén para hacer negocios en Jericó, que era una ciudad calurosa por estar a unos 244 mts. bajo el nivel del mar, y además era bien próspera. Pero en el camino es alcanzado por unos ladrones que le quitan todo y luego lo dejan casi muerto. Haciendo una exégesis espiritual de la parábola podemos decir que este hombre representa al creyente que sale del Templo para enredarse en las cosas del mundo. Así que como es de esperar es atacado por ladrones de fe, gente que solo desea quitarte y cuando lo hace te dejan destruido y herido. Como este está herido y en el suelo, entonces no se puede esperar que grite pidiendo ayuda por lo que el restaurador debe:

a. Acercarse

b. Levantarle del suelo

---

mts. metros

   c. Tratar las heridas en dependencia al daño y vendarlas, no dejarlas al descubierto, expuestas a los gérmenes o parásitos.

   d. Cuidare hasta que pase lo peor.

5. Lázaro: Este es tipo de persona que ya ha muerto, no solo está en suelo, sino que ya es un caso perdido. Su restauración simplemente será un milagro de Dios. Pero vemos a Cristo dejándolos un legado especial. Lázaro no pedirá restauración porque ella está muerto, por lo tanto el restaurador debe ir al lugar de sepultura, y simplemente llamarle. Muchas veces, aquellos que se han apartado y muerto en pecado no resucitan porque nadie los vuelve a llamar.

6. Pedro: Es el tipo de persona que cuando comete un error se da por vencido, incluso hasta considera volver a su antiguo oficio. El remordimiento lo hace creer que

no tiene perdón de Dios, así que su problema es la falta de aceptación o perdón. El tiende a ser muy duro consigo mismo, por lo tanto se requiere sanar esa herida. ¿Qué hizo Cristo para restaurarle?

a. Como era de esperar, se acercó a él, pero no con una actitud de juez, sino de servicio. Cristo no vino a él como quien quería reprenderlo, sino como quien quería simplemente pasar un rato con él y servirle.

b. Luego trata con la raíz de su caída, el orgullo, al preguntarle tres veces lo mismo: *"Me amas más que éstos"* (Jn. 21:15).

c. Por ultimo trata con su problema de aceptación por medio de una asignación ministerial: *"Apacienta y pastorea"* (Jn. 21:16 y 17)

En casa caso vemos un patrón común, o sea, todos requirieron de una cercanía, a todos fue necesario atenderles conforme a la necesidad, unos lo que necesitaban era respuestas a sus dudas, pero otros, que no tenían fuerzas para hablar, requirieron de una observación madura del restaurador, y por último en cada caso hay comunicación. Cómo pretenderá alguien restaurar a otros sin cercanía ni comunicación, eso simplemente será imposible. Por lo tanto, una buena restauración depende de un correcto diagnóstico, sobre el tipo de restauración que se requiere. No todas las personas reaccionan de la misma manera. Por eso, el restaurador deberá adaptar sus estrategias y métodos en dependencia a la persona y a la situación. En ocasiones la expulsión del ministerio y de la congregación es necesaria (1 Co. 5:5) por amor a la iglesia como un todo, para purgar el pecado y para que otros teman (1 Ti. 5:20). Pero otras veces no es adecuado, pues haciendo eso se incrementaría el dolor y la persona terminaría sangrando aún más. Así que en el momento de restaurar al que ha caído hay que tener en cuenta: (1) La mansedumbre en el trato; (2) La vida de uno mismo, considerándose a uno mismo, no sea que tú también seamos tentados (Gál. 6:1)

Es normal que la persona que cayó

debido a su vergüenza comience a sentir sentimientos de culpa y rechazo hacia sí mismo y los demás. Es por eso que generalmente se aíslan, pero una vez que aparece alguien con disposición de ayudarle, normalmente se siente entendido y amado, por eso se corre el peligro que crea alguna dependencia de la persona que le está ayudando. El restaurador debe estar atento para que cuando note este aspecto inmediatamente le ayude a enfocarse en Dios y sus promesas. Es un grave peligro que el restaurador se imprescindible, por tanto deberá entender que su trabajo es por Dios y para Dios, aunque evidentemente beneficie a los hombres. Las charlas deben tratar de seguir un orden paulatino, pero habrá que estar atento especialmente a las necesidades de la persona a la cual se está restaurando. El restaurador debe ser alguien misericordioso y en base a la misericordia aconsejar. Kistemaker declara lo siguiente: *"La historia bíblica nos enseña la triste realidad de que el pueblo de Dios, al descuidar la misericordia, no cumplió la ley del amor"*. [18] A esto pudiera

---

[18] Simon J Kistemaker, *Comentario Al Nuevo Testamento: Santiago Y 1-3 Juan* (Grand Rapids, MI: Libros Desafío, 2007), 108.

agregarse también las palabras de Edmond Hiebert, en su libro *"The Epistle of James. Tests of a Living Faith"*, que traducido al español sería: "La *epístola de Santiago. Pruebas de una fe viva*". El autor esboza que: *"La misericordia no triunfa a costa de la justicia; el triunfo de la misericordia se basa en la expiación lograda en el Calvario".*[19] Una persona misericordiosa entiende lo que otro está sintiendo y se compadece, y por supuesto sabrá cómo abolir todo sentimiento de culpabilidad.

Es importante entender que no todos los que caen podrán ser restaurados. El escritor de la epístola a los hebreos habla de ministros con una mente reprobada o una conciencia cauterizada, esos, sabiendo que lo que hacen es incorrecto continúan en su pecado, de ellos él escribe:

> Porque es imposible que los que una vez fueron iluminados y gustaron del don celestial, y fueron hechos partícipes del Espíritu Santo, y asimismo gustaron de la buena palabra de Dios y los poderes del siglo venidero, y recayeron, sean

---

[19] D. Edmond Hiebert, *The Epistle of James: Tests of a Living Faith* (Chicago: Moody, 1979), 172.

otra vez renovados para arrepentimiento, crucificando de nuevo para sí mismos al Hijo de Dios y exponiéndole a vituperio. (He 6:4-6)

Por eso debe tenerse sumo cuidado, no todo el que cae podrá ser restaurado, pero todo el que ha sido restaurado fue un caído. El restaurador en su trabajo debe aprender a dejar los resultados a Dios. Así que su esfuerzo se limitará en:

1. Entregar la carga a Dios
2. Inducir a un proceso de restauración mediante apoyo ministerial
3. Crear seguridad de que hay solución.

Capacitar al liderazgo para que pueden efectuar la Restauración

No existe problema alguno que no tenga una solución, incluso estén situaciones que se resuelven con más de una forma. Dios nos ha dado el mayor ejemplo, siempre preparó de antemano una solución para cada problema. Si enseñamos a los creyentes a enfocarse no en los problemas ocurridos, sino en cómo podrán resolverse, atendiendo a la persona y sus familiares, se lograría un éxito rotundo. Ahora bien, las soluciones se hayan cuando: (1)

Orientamos nuestra mente a las conductas destructivas; (2) Cambiamos lo que se puede cambiar y eliminamos lo ya no tiene solución; (3) Tomamos medidas un paso a la vez por mutuo acuerdo respetando la capacidad de la persona.

Las personas que caen en pecado y desean ser restaurados necesitan expresar sus sentimientos y emociones reprimidas. Este tiempo debe planificarse en los horarios de consultas. Y sobre todo, debe fomentarse un ambiente de confianza, seguridad, aceptación y amor a las personas. Todo esto se puede lograr con: (a) Una correcta planificación del tiempo espiritual en cada consulta; (b) Una correcta selección de los temas a tratar en cada consejería individual; (c) Una correcta planificación de los tiempos de consultas. Estas deben estar no muy distantes, pero tampoco muy cercanas, para para permitir que la persona asimile las enseñanzas de las verdades bíblicas, y tenga tiempo de aplicarlas. Pero no solo los líderes deben ser capacitados y fortalecidos en esta área, también lo necesitan las iglesias. Se requiere que todo el cuerpo unido entienda que si un miembro continúa dañado, el cuerpo entero será afectado. Si bien es necesario contar con un equipo altamente capacitado y experimentado en esta área, también debemos lograr congregaciones capacitadas y maduras. También los miembros de las congregaciones juegan un rol muy importante en la restauración de las personas. Por ende en el proceso de capacitación lo que se pretende lograr es:

1. Los miembros de la iglesia comprenda que es necesario un involucramiento progresivo de la persona caída. Recordemos a Lázaro, había sido resucitado, pero estaba atado y no podía servir. Por eso Cristo manda a los que estaban presentes (tipo de la iglesia) a desatar ha resucitado (Jn. 11:44).

2. Una concepción correcta y bíblica acerca del perdón: Existe una gran tendencia a vincular el perdón con la restauración al ministerio, sin duda es una incorrecta concepción del perdón. Kenneth Kantzer (editor de una prestigiosa revista cristiana), luego del fracaso moral de varios prominentes líderes cristianos escribió que "*El verdadero perdón no implica, necesariamente, la restauración al*

liderazgo"[20],pero se pudiera agregar a tan valioso planteamiento que toda restauración debe llevar consigo el perdón

3. Una conciencia restauradora: El enfoque de la Iglesia deberá siempre estar centrada en la Unidad, la libertad y la caridad. Si estas tres cosas faltan en la iglesia, entonces será solo un club social o una institución más, pero no el Cuerpo de Cristo.

---

[20] Kent Hughes y Jonh H. Armstrong. *Porque los pastores adúlteros no debieran ser restaurado.* http://desarrollocristiano.com/articulo.php?id=1347 (Último acceso el 20/11/2015).

CONCLUSIONES

Como ya hemos visto en todo el libro, la restauración no es para los líderes solamente, ni mucho menos para un grupo de la Iglesia. Toda la iglesia debe cuidar el mantener una correcta perspectiva moral y teológica, en cuanto a la restauración. El profeta Isaías declaró: *"Fortaleced las manos cansadas, afirmad las rodillas endebles. Decid a los de corazón apocado: Esforzaos, no temáis; he aquí que vuestro Dios viene con retribución, con pago; Dios mismo vendrá, y os salvará"* (Is. 53:3). Así que es misión y responsabilidad de todos. Recordemos que lo más importante no es cuantas veces cae una persona, sino cuántas se levanta (Pr. 24:16). Nadie está exento de caer, pero cada uno de nosotros debemos luchar por no es hundirnos. Es mi anhelo que este libro sea de mucha bendición a tu vida y a tu ministerio.

sobrelosmontesycollados@gmail.com

www.facebook.com/rolando.perezsanchez.31

https://twitter.com/sobrelosmontes2

BIBLIOGRAFÍA

A, Alfredo Gómez. «Código de Ética del Ministro (Asambleas de Dios).» La Habana, Cuba: CALITAD, 2002.

Armstrong, Kent Hughes y Jonh H. *Porque los pastores adúlteros no debieran ser restaurado.* s.f. http://desarrollocristiano.com/articulo.php?id=1347 (último acceso: 20 de 11 de 2015).

Cayuela, Nuria Lucena. *Diccionario general de la lengua española Vox.* Barcelona: Biblograf, S.A.; Tecnolingua, S.L., 1997.

Chávez, Moisés. *Diccionario De Hebreo Bíblico, 1. ed.* El Paso, Tx: Editorial Mundo Hispano, 1992.

Daniel Carro, José Tomás Poe, Rubén O. Zorzoli y Tex. *Comentario Bíblico Mundo Hispano 1 Samuel, 2 Samuel, Y 1 Crónicas, 1. Ed.* El Paso, TX: Editorial Mundo Hispano, 1993.

Dios, Asambleas de. «Constitución General De La Iglesia Evangélica Pentecostal De Cuba (Asambleas De Dios).» La Habana, Cuba: CALITAD, 2018.

—. «Reglamento Local de la Iglesia Evangélica Pentecostal de Cuba (Asambleas de Dios).» La Habana, Cuba: CALITAD, 2018.

Edman, V. *Diccionario de Teología*. Grand Rapids, MI: Libros Desafío, 2006.

ENLABRECHA.MX. *Otro pastor se suicida; van al menos tres en 2019*. 29 de 01 de 2019. http://www.enlabrecha.mx/otro-pastor-se-suicida-van-al-menos-tres-en-2019.php (último acceso: 19 de Diciembre de 2019).

Everett F. Harrison, Geoffrey W. Bromiley and Carl F. H. Henry. *Diccionario De Teología, ed.* Grand Rapids, MI: Libros Desafío, 2006.

Hendriksen, William. *Comentario Al Nuevo Testamento: El Evangelio Según San Mateo* . Grand Rapids, MI: Libros Desafío, 2007.

—. *Comentario Al Nuevo Testamento: El Evangelio Según San Lucas* . Grand Rapids, MI: Libros Desafío, 2002.

Hiebert, Edmond. *The Epistle of James: Tests of a Living Faith.* Chicago: Moody, 1979.

Kistemaker, Simon J. *Comentario Al Nuevo Testamento: Santiago Y 1-3 Juan.* Grand Rapids, MI: Libros Desafío, 2007.

Kittel, Gerhard. *Compendio Del Diccionario Teológico Del Nuevo Testamento* . Grand Rapids, MI: Libros Desafío, 2002.

Porter, Rafael. *Estudios Bíblicos ELA: ¡Verdaderamente Libre! (Gálatas)* . Puebla, Pue., México: Ediciones Las Américas, A. C, 1992.

Ryrie, Charles Caldwell. *Teología Básica*. Miami: Florida. Estados Unidos de América: Editorial Unilit, 2003.

Shaw, Christopher. *Alza Tus Ojos* . San José, Costa Rica. Centroamérica: Desarrollo Cristiano Internacional, 2005.

Sproul, R.C. *Escogidos Por Dios* . Graham, NC: Publicaciones Faro de Gracia, 2002.

Streich, Wolfgang. *El suicidio en pastores y líderes de iglesia.* 29 de 08 de 2018. https://www.evangelicodigital.com/actual idad/1944/el-suicidio-en-pastores-y-lideres-de-iglesia. (último acceso: 19 de Diciembre de 2019).

Thompson, Les. *La Persona Que Soy.* Miami, Florida, EE. UU. de A: Editorial Unilit, 2003.

Tuggy, Alfred E. *Lexico Griego-Español Del Nuevo Testamento* . El Paso, TX: Editorial Mundo Hispano, 2003.

Velez, Javier Emilio. *Creando una consciencia para la restauración.* Orlando. Fl: EEUU, Ministerio CIMAS de Septiembre de 2019.

Wilson, Glenn. *Supuesta Revelación.* 12 de 12 de 2019. https://www.facebook.com/pastorglennwilson/posts/10156582666656875?comment_id=10156584297196875¬if_id=1576206857623640¬if_t=feedback_reaction_generic (último acceso: 18 de diciembre de 2019).

Zuck, John F. Walvoord y Roy B. *El Conocimiento Bíblico, Nuevo Testamento, Tomo 4: Hebreos-Apocalipsis.* Puebla, México: Ediciones Las Américas, A.C, 1996.